우리나라 말이 중국과 달라

문자와 말(음성)이 시로 맞지 않으니

이런 이유로 백성들이

말하고자 하는 바가 있어도

그러지 못하는 사람이 많다.

내 이를 불쌍히 여겨

새로 스물여덟 자를 만드니

모든 사람마다 이것을 쉽게 익혀

편히 사용하고자 할 따름이니라.

-『훈민정음』세종 대왕 서문에서

글·그림 노은주

한양대학교 경영대학원을 졸업한 뒤, 꼭두일러스트교육원에서 그림책을 공부했습니다.
현재는 한국과 캐나다를 오가며 두 아이의 엄마이자 어린이책 일러스트레이터로 활동하고 있습니다.
쓰고 그린 책으로는 《책이 스마트폰보다 좋을 수밖에 없는 12가지 이유》,《학교가 즐거울 수밖에 없는 12가지 이유》가 있고,
그린 책으로는 《기다려, 오백원!》,《쌍둥이 아파트》,《하루와 치즈고양이》,《이상하게 매력있닭!》,《우리 사부님이 되어 주세요》 등이 있습니다.

한글이 우수할 수밖에 없는 열두 가지 이유

노은주 글·그림

1판 3쇄 2022년 6월 20일

펴낸이 모계영 **펴낸곳** 가치창조

출판등록 제406-2012-000041호
주소 서울시 종로구 사직로 8길 34, 1104호(내수동, 경희궁의아침 3단지 오피스텔)
전화 070-7733-3227 **팩스** 02-303-2375 **이메일** shwimbook@hanmail.net
ISBN 978-89-6301-177-6 77910

- 이 책의 저작권은 저자와 가치창조 출판그룹에 있습니다.
- 저작권법에 따라 무단전재 및 복제를 금합니다.

가치창조 공식 블로그 http://blog.naver.com/gachi2012
단비어린이는 가치창조 출판그룹의 어린이책 전문 브랜드입니다.

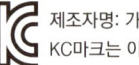

제조자명: 가치창조 제조국명: 대한민국 사용연령: 8세 이상
KC마크는 이 제품이 공통안전기준에 적합하였음을 의미합니다.

ㄱㄴㄷㄹㅁㅂㅅㅇ
ㅈㅊㅋㅌㅍㅎㄱㄴ
ㅏㅑㅓㅕㅗㅛㅜㅠㅡㅣㅐㅒ
ㄹㅁㅂㅅㅇㅈ
ㅜㅠㅡㅣㅑㅕ
ㅛㅌㅍㅎㄱㄴㄷㄹㅁㅂㅅㅇ
ㅈㅋㅌㅍㅎㄱ

世宗御製訓民正音

製졩는글지을씨니御엉製졩는님금지스신그리라訓훈은그르칠씨오民민은百빅姓셩이오音즘은소리니訓훈民민正졍音즘은百빅姓셩그르치시논正졍호소리라

國之語音이國귁은나라히라之징는입겨지라語엉는말쓰미라

나랏말쓰미

異잉乎夢中國귁ᄒᆞ야異잉는다ᄅᆞᆯ씨라乎夢는아모그에ᄒᆞ논겨체쓰는字ᄍᆞᆼㅣ라中듕國귁은皇황帝뎨겨신나라히우리나랏常

한글이 우수할 수밖에 없는 열두 가지 이유

노은주 글·그림

단비어린이

저에게는 중국인 친구들이 있어요. 중국인 친구들과 이야기를 하다가 그들이 사용하는 한자의 뜻을 아는 척 얘기해 주면, 한국인인 제가 어떻게 한자를 아는지 놀라워합니다. 한국어를 사용하지만 한자까지 알고 있다는 잘난 척도 잠시 할 수 있어요. 물론 제가 어릴 적에 배웠던 아주 쉬운 한자이기에 아는 척을 할 수 있었지요. 저는 중학교 때 한자어를 외우는 게 너무 어려웠어요. 그때는 신문에도 한자가 많이 사용되어서 신문을 읽는 것도 어려웠어요. 우리나라 말에는 한자어가 많이 쓰이지만 지금은 한자를 잘 알지 못해도 한국인으로서 마음껏 책을 읽고 글을 쓸 수 있다는 것에 크나큰 감사함을 느끼며 삽니다. 물론 저는 세종 대왕이 우리나라의 글자를 만들었다는 것을 외국 친구들에게 이야기해 줍니다. 오래전 옛날에는 우리도 한자어를 사용했지만, 우리나라 사람들에게 맞는 글자를 만들어 주신 왕이 있다고 말이에요. 글자를 모르는 사람들을 위해 삶을 더 풍요롭고 지혜롭게 살 수 있도록 글자를 직접 만들어 주신 왕은 전 세계 어디에도 없으니까요! 이렇게 멋진 왕은 우리나라밖에 없으니까요!

한국인으로서 저는 한글이 자랑스럽습니다. 세종 대왕은 사람들이 쉽게 사용할 수 있는 멋진 글자를 만들어 주셨지만, 우리는 너무도 당연하게 사용하고 감사함을 잊고 살기도 합니다. 저는 한글을 배우고 알고 있는 어린이들이 우리가 정말 멋진 글자를 갖고 있다는 것을 알았으면 좋겠어요. 한글은 우리나라의 자랑이고, 세상에서 하나밖에 없는 위대한 보물입니다. 한글을 아름답게 가꾸고 보존할 수 있도록 우리 다 같이 노력해요.

항상 곁에서 응원해 주고 조언해 주는 김리리 작가에게 감사함을 전합니다.

동화책 그림 작가 노은주

세종 대왕은 어릴 때부터 책을 좋아해서 늘 책을 읽으셨어.

그때는 한글이 생겨나기 전이어서 중국에서 사용하는 한자를 우리나라 사람들도 사용해야 했지.

양반들은 한자를 배우고 공부하는 데 충분한 시간을 쓸 수 있었지만, 백성들은 한자를 제대로 배울 수 없었지.

한자가 어렵기도 하지만 백성들은 농사도 지어야 하고 먹고사는 데 많은 시간을 써야 했기에 글을 배울 수 없었어.

글을 모르니 억울한 일도 많이 생겼지. 세종 대왕은 그런 백성들을 안쓰럽게 생각했어.

세종 대왕은 백성들이 글을 배우고 책을 읽어서 지혜롭게 살고, 억울한 일도 없기를 바랐지.

그래서 백성들이 쉽게 사용할 수 있는 글자가 절실히 필요하다고 생각했어.

백성들을 사랑하고 배려하는 마음으로 우리의 글자를 만드신 거야.

이 세상에서 왕이 직접 백성을 위해 만든 글자는 한글밖에 없어.

세종 대왕의 마음이야!

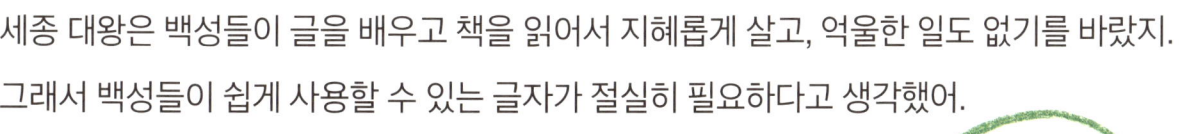

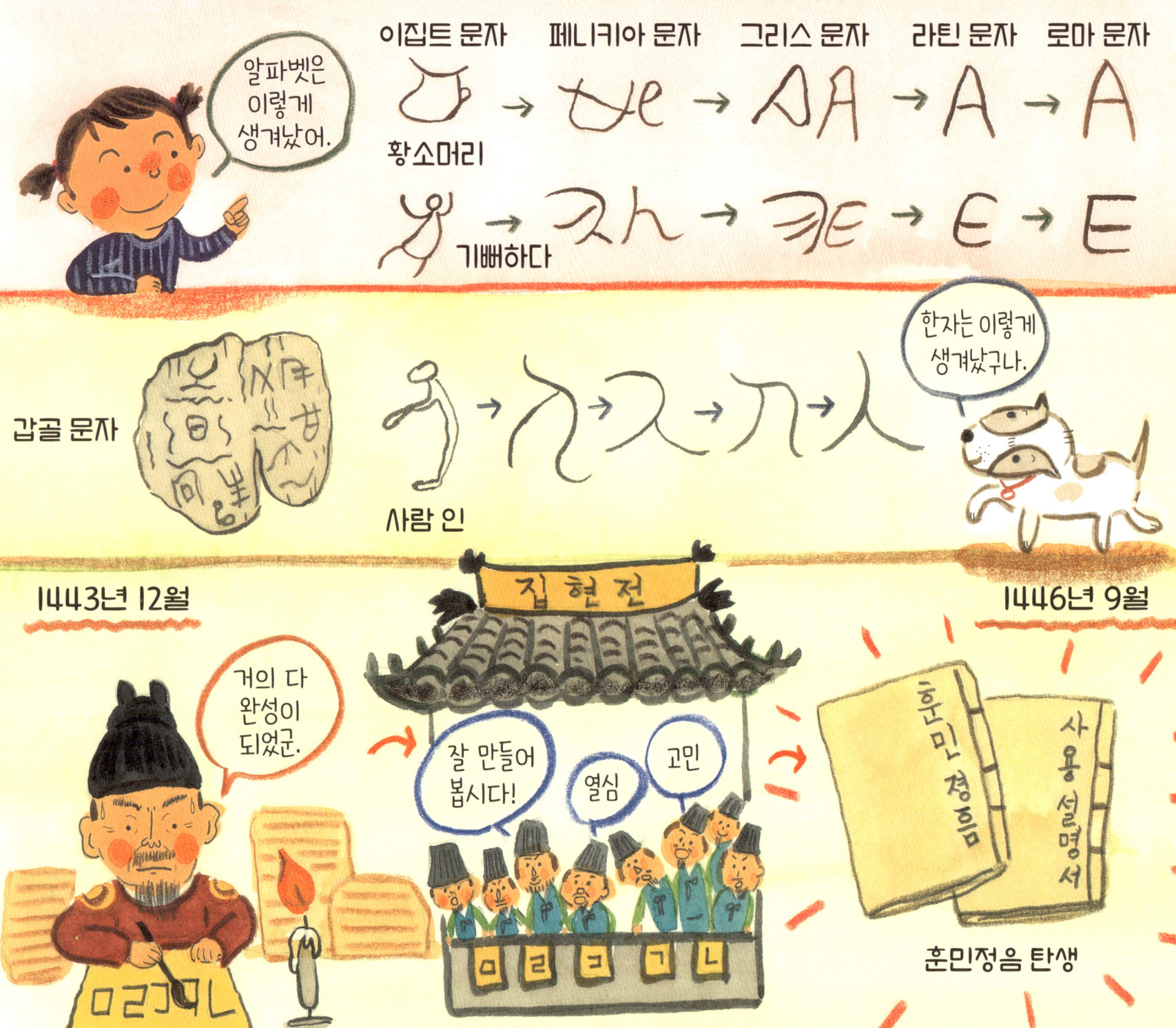

둘, 누가 언제 만들었는지 정확하게 아는 글자야.

알파벳이나 한자 또는 다른 나라의 글자는 처음에 어떻게 만들었는지 정확하게 알려진 기록이 없어.

알파벳은 이집트 문자와 수메르 문자의 영향을 받아 페니키아인이 만들었다고 전해지기는 해.

페니키아인이 만든 알파벳이 그리스인에게 전해지고 그리스인은 자신들에게 알맞은 글자를 만들어 그리스 알파벳을 사용했지.

이후 페니키아와 그리스가 로마에 의해 멸망하게 되고, 로마는 그리스의 알파벳을 사용하면서 현재의 알파벳이 되었어.

한자는 아주 오랜 옛날 글자가 없었을 때 의사소통을 하기 위해 그림으로 표현하는 것에서 시작되었다고 해.

거북이의 등껍질이나 소뼈에 새겨진 갑골 문자가 발견되었고 한자는 계속 변화하고 발전하면서 지금의 한자가 되었지.

거의 모든 문자는 오랜 세월을 거쳐 누가 만들었는지 모르게 조금씩 변화하여 오늘의 모습을 갖추게 되었어.

하지만 한글은 세종 대왕에 의해 1443년에 창제되고 2년 9개월의 검증 기간을 거쳐 1446년에 온 백성들에게 알려졌어.

한글을 만드는 데 반대하는 이들도 많았지만, 세종 대왕은 자신의 뜻을 굽히지 않으셨어.

한글은 전 세계에서 유일하게 창제자, 창제 동기, 창제 원리가 기록으로 남아 있는 문자야.

셋, 누구나 쉽게 배우고 사용할 수 있어.

한자어를 사용하려면 적어도 1000자를 외워야 해. 그림 글자를 상형 문자라고 하는데, 가장 배우기 어려운 글자이기도 하지.

글자 하나에 하나의 뜻을 담고 있어 개별적으로 뜻을 지닌 수천 개의 글자를 외워야만 해.

한자는 지금까지 만들어진 것이 5만 자 정도 된다고 하는데, 실생활에서 사용되는 글자는 5000자 정도 된다고 해.

일본어의 경우는 한자어, 히라가나, 가타가나를 다 외워야 글자를 알 수 있지.

알파벳은 한글처럼 소리 글자이지만, 필기체, 소문자, 대문자가 있어.

한글은 소리 글자이고 말의 소리를 그대로 표현하고 사용하는데,

소리 글자는 몇 가지 기본 문자만 익히면 누구나 쉽게 배울 수 있어.

한글은 글자의 모양이 단순하고 비교적 그 구성 원리가 간단하기 때문에 배우기가 쉽다고 하지.

우리가 쓰고 있는 한글은 모음이 10자, 자음이 14자로, 모음과 자음을 합치면 하나의 글자가 되고 받침을 더할 수도 있어.

넷, 세상의 많은 소리를 글자로 적을 수 있어.

한글은 다른 문자와 달리 글자 자체가 발음 기호여서 발음할 수 있는 거의 모든 소리를 적을 수 있어. 영어의 경우 표현할 수 있는 모음이 'A, E, I, O, U'의 5개이지만 한글은 기본 모음 10개에 10여 개의 복모음까지 만들 수 있지. 그래서 알파벳 26자로 표현할 수 있는 소리는 수백 개밖에 되지 않지만, 한글 24자로는 1만 1000여 개의 소리를 표현할 수 있어. 일본어는 약 300개, 한자는 400여 개 정도 발음을 적을 수 있다고 해. 한글은 세계에서 가장 많은 발음을 표기할 수 있는 문자이지.

오! 블루 Blue!

시퍼렇네!

파랗다.

푸르딩딩한데.

푸르다.

새파랗다.

옐로우! Yellow!

노릇노릇 샛노랗다!

진노랑색.

노르스름한데.

노란색.

노리끼리해.

다섯, 감정과 느낌을 다양하게 표현할 수도 있지.

우리나라의 말과 글에는 우리의 감정과 느낌을 표현할 수 있는 단어가 풍부하게 있어.

가끔은 우리의 표현이 너무나 다양해서 외국어로 번역이 어려울 때도 있지.

한글은 표현력도 좋지만 어감이나 음감도 뛰어난 편이야.

우리가 표현할 수 있는 재미있는 한글 표현들이 많이 있지.

여섯, 한글은 과학적인 글자야.

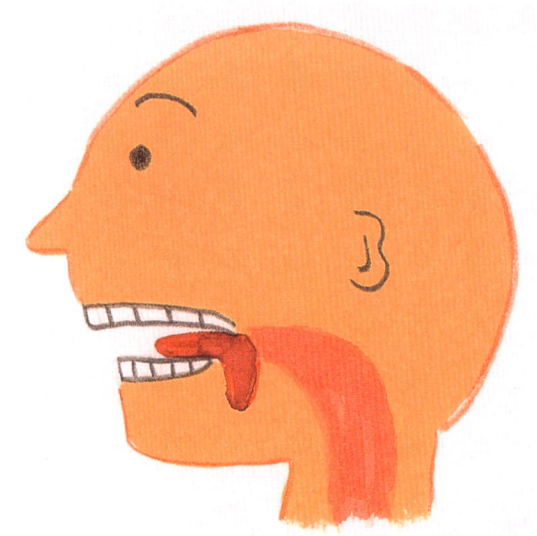

어금닛소리 글자인 ㄱ은
혀의 안쪽이 목구멍을 닫는 모양

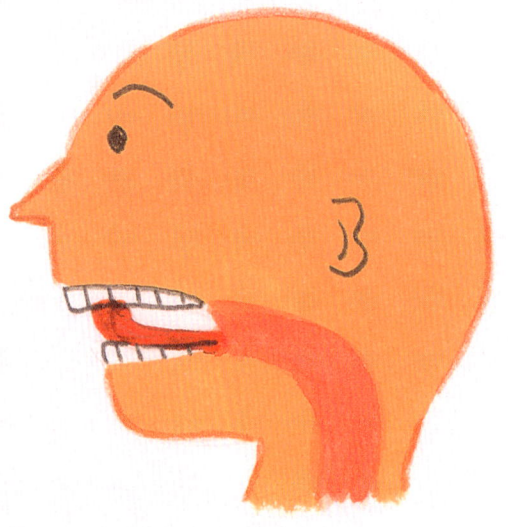

혓소리 글자인 ㄴ은
혀끝이 윗잇몸에 붙는 모양

입술소리 글자인 ㅁ은
입의 모양

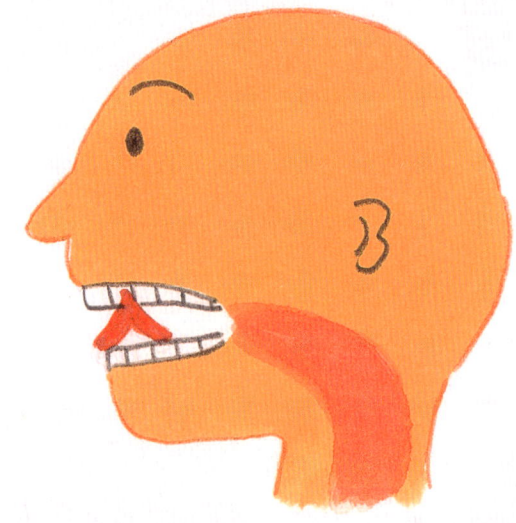

잇소리 글자인 ㅅ은 이의 모양

목청소리 글자인 ㅇ은 목구멍의 모양

한글은 자음과 모음으로 되어 있는데, 자음은 사람의 발음 기관의 모양을 본떠서 만들었어.

발음 기관 모양을 본떠 먼저 기본 글자를 몇 개 만들고, 거기에 획을 더하여 같은 계열의 글자를 더 만들었지.

한글은 자음과 모음이 분리되는 음소 문자(자질 문자)이면서 모아서도 쓸 수 있게 글자 모양을 이루고 있어.

24개의 자음과 모음을 가지고, 이를 조합해서 거의 무한에 가까운 글자를 만들어 낼 수 있지.

우리는 글자를 세로로 적을 수도 있고 가로로 적을 수도 있어.

'ㄱ, ㄴ, ㅁ, ㅅ, ㅇ' 이 다섯 소리가 입에서 나는 모든 자음 소리의 기본이야.

한글에서는 한 부호가 하나의 소리만을 대표하는 '1자 1음'의 문자 체계로 되어 있어.

한글 자체를 본다면 그 어떤 문자보다도 체계성이 뚜렷하고 과학적인 글자라고 볼 수 있지.

일곱, 철학이 담긴 글자이지.

한글은 철학적인 의미를 포함하고 있어.

우리 민족은 유교 사상을 바탕으로 말과 글, 음식, 주거, 의복, 의학, 음악 모두가 '음양오행'에 바탕에 두고 있어.

한글은 이러한 음양오행 원리를 바탕으로 창제되었어.

한글의 기본 형태는 천(天), 지(地), 인(人), 원(圓), 방(方), 각(角)의 형태로 나누어지는데

'천, 지, 인'은 '하늘과 땅과 사람'이 세상의 중요한 요소임을 뜻하고, 한글의 모음 글꼴에 그 의미를 그대로 담았지.

여덟, 창의적이고 재미있는 글자야.

한글은 한자나 다른 외국어를 모방하지 않고 독자적으로 만든 창의적이고 재미있는 글자야.

한글은 자음과 모음을 다양하게 모아 써서 글자를 만들어.

누구나 자신만의 독창적인 생각과 느낌을 다양하게 표현할 수 있으니

재미있고 새로운 표현들도 아주 많아.

소리나 행동을 글자로 표현한 단어들을 의성어와 의태어라고 부르기도 해.

컴퓨터나 스마트폰은 점점 작아지고 간편해지고 있어.

보다 작은 크기에 많은 정보를 담아야 하는 시대가 되었는데, 한글은 그러한 미래 시스템에 딱 맞는 글자야.

컴퓨터 자판에 글자를 입력할 때 중국어나 일본어는 음과 뜻을 일일이 따로 바꿔서 입력해야 하지만

한글은 입력하는 즉시 바로 기록이 가능한 글자이지. 또 한글은 적은 수의 키로도 쉽게 소통할 수 있어.

기본 글자에 다른 글자를 합하고 단어를 만들어 내는 것이 컴퓨터의 계산 원리와 비슷해.

언어 학자들에 의하면 한글은 문자 구성과 전달 속도가 영어보다 3배 빠르며,

중국어보다 8배, 일본어보다 5배나 빠르다고 해.

그리고 한글은 하나의 모음이 내는 발음이 항상 같기 때문에 기계 번역이나

음성 인식 컴퓨터를 만드는 데 유리한 조건을 갖고 있지.

음성 인식 기능은 기계가 사람의 음성을 정확하게 인식해야 하는데

한글은 '1음 1자'의 정확한 발음 덕분에 한국의 음성 인식 기술이 빠르게 발전하고 있어.

영국

"한글은 모든 언어가 꿈꾸는 최고의 알파벳입니다."
- 존 맨(과학사가, 다큐멘터리 작가)

"한글은 가장 독창적이고도 훌륭한 음성 문자로서 어떤 자질을 가진 문자입니다."
- 재프리 샘슨(언어학자, 리즈대학교 교수)

프랑스

"영어, 프랑스어와 달리 한국어는 쉽게 배울 수 있는 독특한 언어입니다. 그리고 한글은 매우 과학적이고 의사소통에 편리한 문자입니다."
- 장마리 귀스타브 르클레지오 (소설가, 노벨 문학상 수상 작가)

미국

"한글은 지구상의 문자 가운데 가장 독창적인 창조물입니다. 한국인들이 1440년대에 이룬 업적은 참으로 놀랍고, 500년이 지난 오늘날의 언어학적 수준에서 보아도 그들이 창조한 문자 체계는 참으로 탁월합니다."
- 제임스 맥콜리(언어학자, 시카고대학교 교수)

"한글은 세계 문자 사상 가장 진보된 글자입니다. 한국 국민들은 그 무엇과도 비교할 수 없는 문자학적 사치를 누리고 있는 민족입니다."
- 개리 레드야드(컬럼비아대학교 교수)

"세계에서 가장 합리적인 문자는 한글입니다. 한글은 간결하기 때문에 한국인의 문맹률이 세계에서 가장 낮습니다."
- 재러드 다이아몬드(UCLA 교수)

"한글은 가장 단순한 글자이면서 세계에서 가장 우수한 문자입니다. 세종 대왕은 한국의 레오나르도 다 빈치입니다."
- 펄 벅(소설가, 노벨 문학상 수상 작가)

네덜란드

"한국인들은 세계에서 가장 훌륭한 알파벳을 발명하였습니다. 한국의 알파벳은 고도의 과학적인 방법으로 만들어졌습니다."
- 프리츠 포스(언어학자, 라이덴대학교 교수)

일본

"한글은 세계에서 가장 발달된 음소 문자이면서 로마자보다 한 차원 높은 자질의 문자입니다. 그것은 세계에 자랑할 만한 한글의 특징입니다."
- 우메다 히로유키(도쿄외국어대학교 교수)

열, 세계적으로 인정받은 문자야.

한글은 세계의 유명한 기관, 학자와 작가들이 우수하다고 인정한 글자야.

유네스코에서는 1989년에 '세종대왕상'을 만들었어.

이 상은 해마다 인류의 문맹률을 낮추는 데 노력한 단체나 개인에게 주는 상이야.

세종학당은 한글과 한국어를 가르치는 교육 기관으로 세계 곳곳에서 활동하고 있고

현재 전 세계 82개 나라에 234개소의 세종학당이 있어.

우리나라의 말과 글을 제2외국어로 채택한 나라도 늘어나고 있지.

훈민정음은 백성을 가르치는 바른 소리.

가르칠 훈,
백성 민,
바를 정,
소리 음.

세종 대왕의 <서문>, <예의편>, <해례편> 정인지의 <서문>으로 구성되어 있어.

<세종 대왕의 서문>

우리나라의 말이 중국과 달라 문자와 서로 맞지 아니해서 이런 까닭으로 어리석은 백성이 말하고자 할 바가 있어도 마침내 제 뜻을 능히 펴지 못하는 사람이 많으니라. 내 이를 위하여 가엾게 여겨 새로 스물여덟 자를 만드노니 사람마다 하여금 쉬이 익혀 날로 쓰며 편안케 하고자 할 따름이니라.

<정인지의 서문 중>

계해년 겨울에 우리 전하께서 비로소 정음 28자를 창제하시고, 간략하게 예의(**例義**)를 들어 보이시고 이름을 훈민정음이라고 지으셨다. 이 28글자를 가지고도 전환이 무궁하여 간단하고도 요긴하고 정(**精**)하고도 통하는 까닭에, 슬기로운 사람은 하루 아침을 마치기도 전에 (이를) 깨우치고, 어리석은 이라도 열흘이면 배울 수 있다.

열하나, 우리나라의 위대한 유산이고, 자랑스러운 보물이야.

우리나라에는 한글과 함께 한글의 가치를 높여 주는 소중한 보물이 있어.

한글을 잘 사용할 수 있게 설명을 담아 놓은 한글 사용 설명서, 바로 『훈민정음 해례본』이야.

『훈민정음 해례본』은 1940년 경북 안동에서 발견되었는데, 여기에 한글이 만들어진 이유, 사용하는 방법, 한글의 원리가 상세하게 기록되어 있었어. 이 책이 발견되기 전까지 사람들은 한글 창제의 원리를 추측할 수밖에 없었어. 그래서 고대 글자를 모방했거나 몽골 문자에서 전해졌거나 심지어는 문의 창살 모양을 보고 만들었다는 의견이 나오기도 했어.

하지만 『훈민정음 해례본』이 500여 년 만에 발견되면서 한글 창제의 모든 비밀이 밝혀졌어.

전 세계에 이런 기록이 남아 있는 문자는 한글밖에 없어서 『훈민정음 해례본』은 한글과 함께 우리의 자랑스럽고 소중한 보물이지. 『훈민정음 해례본』은 우리나라 국보 제70호이고, 1997년 10월에 유네스코 세계 기록 유산으로 등재되었어.

열둘, 나라를 사랑하는 마음들이 지켜 낸 글자야.

한글은 오랜 역사 동안 많은 어려움을 겪어 왔어. 한문을 공부하고 익힌 양반들은 한글을 여성들이나 천민이 쓰는 문자라며 '암글' 또는 '언문'이라 말하며 비하하기도 했지. 1504년에 조선 10대 임금인 연산군은 자신을 욕하는 한글 투서가 발견되자 한글 금지령을 내리고, 한글로 씌어 있는 책들을 모두 불태우기도 했어. 1930년대 조선을 강제로 점령한 일본이 조선어 교육 폐지와 조선어 말살 정책을 펼치며 사람들의 이름을 일본 이름으로 고치고, 한국어는 사용하지 못하게 했어. 한글로 된 신문과 잡지를 없애고 한글을 가르치지도 배우지도 못하게 했지. 일본은 우리말과 글을 사용하지 못하도록 하기 위해 많은 사람들을 감옥에 가두고 괴롭혔지.

ㄱㄴㄷㄹ 한글을 지켜 낸 사람들 ㅂㅅㅇㅈㅊㅋㅌㅍㅎ

세조

세종의 둘째 아들로, 불경을 번역하는 기관인 '간경도감'을 만들었어. 여기서 불교 경전을 훈민정음으로도 번역하여 많은 사람들이 읽을 수 있게 했지.

최세진

1527년에 『훈몽자회』를 저술하였는데 3000여 자의 한자에 한글로 뜻과 음을 달았고, 한글 체계를 쉽게 설명한 내용도 담았어. 이로써 한글은 표준적인 체계를 갖게 되었고, 전국 어디서나 의사소통이 가능한 기록 수단으로 자리 잡게 되었어.

고종

1894년 "법률과 칙령, 공문서는 한글을 기본으로 한다"는 명을 내림으로써 한글은 우리나라의 공식 문자로서 인정받았어.

서재필

1896년 4월 7일 우리나라 최초의 민간 신문이자 한글 전용 신문인 《독립신문》을 창간했어. 우리 국민을 계몽시키고 자주 광복에 지대한 영향을 주었어.

주시경

배재학당에서 한글을 연구하고 가르쳤고, 1905년 <국문 문법> 1906년 <대한 국어 문법>을 통해 우리말의 문법을 최초로 만들었어. 1910년 일제에 나라를 빼앗기자 『국어사전』을 만들었고, 책을 보따리에 넣고 다녀서 '주보따리'라는 별명도 갖게 되었지.

이극로

조선어학회의 주간으로 있으면서 『조선어사전』을 만들었고, 1942년 '조선어학회 사건'으로 함흥 형무소에 갇혔어. 8.15 광복 때 석방되어 조선어학회 회장을 맡았고, 이후 북한으로 가 북한의 한글 발전에 힘썼어.

최현배

조선어학회 회원으로 활동하며 '한글 맞춤법 통일안'을 만드는 데 핵심적 역할을 했고, 1942년 '조선어학회 사건'으로 감옥에 갇혔어. 해방 후에 국어 교재를 편찬하고 교원을 양성하고 『큰사전』을 만드는 데 힘썼어.

호머 헐버트

전형필

일본이 한글 사용을 철저하게 금지하고 있던 1940년에 『훈민정음 해례본』을 발견했는데 일본에게 빼앗기지 않기 위해 많은 노력을 했어. 일제 강점기에 수많은 우리 문화재를 지켜 내 '문화유산 수호신'이라는 별명까지 얻었지. 1950년 한국 전쟁이 났을 때는 『훈민정음 해례본』을 가슴에 품고 피난길에 오르며 낮과 밤을 가리지 않고 지켜 냈어.

미국인인 그는 1886년 대한 제국 시절 우리나라에 최초로 세워진 서양식 교육 기관 육영공원의 교사로 한국에 왔어. 세계 최초로 한글로 된 세계사회 지리 교과서 『사민필지』를 만들었고, 세계에 한글의 우수성을 영문으로 알렸어. 일본 침략에 맞서 고종을 도와 헤이그 밀사 파견을 돕고 한글 교육이 우리나라를 강국으로 만드는 역할을 할 것이라고 강력하게 주장했지.

이렇듯 어렵고 힘든 역사 속에서 나라를 사랑하는 많은 사람들이
우리의 언어와 문자가 사라지지 않도록 피나는 노력과 희생을 하셨어.
그분들이 있었기에 우리의 한글을 지금까지 잘 지켜 오게 된 거야.
한 나라의 문자와 언어는 그 나라의 역사와 정신이라고 볼 수 있어.
5000년이 넘는 역사 속에서 우리가 우리만의 문자와 언어를 갖고 있다는 것은
정말 행복하고 감사한 일이지.
이제 한글의 우수성을 알았으니 우리가 앞으로 해야 할 일이 무엇인지 알겠지?

한글을 잘 지켜 내기 위해서 무엇을 할 수 있을까?

받아쓰기 공부를 열심히 할 거야.

어렵지 않아. 작은 일부터 할 수 있지.

욕하지 않기!

우리말 찾아보기

외국인 친구에게 한글 알려 주기

예쁜 우리말 사용하기

더 알고 싶은 이야기

훈민정음 VS 한글

세종 대왕이 만든 훈민정음은 '백성을 가르치는 바른 소리'라는 의미를 담고 있어. 한글이라는 이름은 1910년대 초에 주시경 선생을 비롯한 한글 학자들이 쓰기 시작한 것인데, 여기서 '한'이란 크다는 것을 뜻하여 한글은 '큰 글'이라는 의미야.
1927년 '한글사'에서 펴낸 《한글》 잡지에서부터 널리 쓰이게 되었어.

한글에서 사라진 글자는?

한글에서 사라진 글자로는 아래아(·), 반시옷(ㅿ), 옛이응(ㆁ), 여린히읗(ㆆ)이 있는데, 서서히 사용되지 않다가 1933년 조선어학회가 '한글 맞춤법 통일안'을 만들면서 쓰임이 적은 4자는 공식적으로 사라지게 되었지.
현재는 24자로 사용되고 있어.
사라진 글자 4개를 사용한다면 외국어의 발음을 더 잘 표현할 수 있었을 거야.

훈민정음으로 처음 만들어진 책은?

「용비어천가」는 훈민정음으로 쓰인 최초의 작품이고, 조선 왕조가 세워진 과정과 정당성을 노래한 책이지.

훈민정음 해례본은 뭐야?

『훈민정음 해례본』은 훈민정음의 창제 원리와 목적이 정확하게 나와 있는 해설집이야. 크게 <예의>와 <해례>로 나뉘어져 있는데, <예의>는 세종 대왕이 직접 한글을 만든 이유와 한글의 사용법을 간략하게 설명한 글이야. <해례>는 성삼문, 박팽년 등 세종을 보필하며 한글을 만들었던 집현전 학사들이 한글의 자음과 모음을 만든 원리와 용법을 상세하게 설명한 글이야.

한글날은 언제야?

지금 우리나라의 한글날은 10월 9일이야. 훈민정음은 1443년 12월에 만들어지고 수정과 보완 작업을 거쳐 1446년 9월 상순에 반포했다는 기록이 『훈민정음 해례본』에 나와 있어. 한국은 훈민정음 반포일을 기념하여 1446년 음력 9월 상순의 마지막 날을 양력으로 바꿔서 한글날을 정하고, 북한은 훈민정음 창제일을 기념으로 1443년 음력 12월의 중간 날을 양력으로 바꿔서 1월 15일로 정했어.

세종 대왕은 또 어떤 것을 만드셨어?

세종 대왕은 역사·법학·천문·음악·의학 등 다양한 방면에 많은 지식을 갖고 계셨고, 과학 기술과 예술에 많은 관심을 보이셨어. 천문학을 전문적으로 연구하는 서운관을 설치하게 하셨고 정인지와 장영실을 통해 천체의 운행과 그 위치를 측정하던 천문관측기인 혼천의를 만들게 하셨어. 또한 백성들을 위한 시계인 앙부일구와 자동으로 시간을 알려 주는 장치인 물시계 자격루를 만들어 백성들의 생활에 실질적인 도움을 주셨지.

최초의 한글 소설은?

조선 중기에 허균이 지은 「홍길동전」은 한글로 지어 백성들에게 널리 읽혔어. 「홍길동전」은 진정한 한글 소설이고 지은이와 창작된 연대가 정확하게 알려진 책이지.

사람들이 사용하는 언어와 문자는 어떻게 달라?

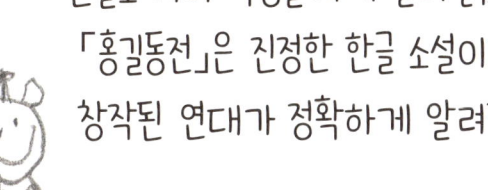

언어와 문자는 따로 구분해서 볼 수 있는데 한글이 만들어지기 전부터 우리는 한국어를 사용했어. 한국어를 사용하는데 글은 한자로 사용하다 보니 불편하고 어려움이 많았거든. 우리가 사용하는 언어에 딱 맞는 한글을 세종 대왕이 만드셔서 우리의 한국어와 한글이 완성되었다고 볼 수 있지. 전 세계에도 자기 나라만의 언어와 문자를 독자적으로 갖고 있는 나라는 많지 않아.

다른 나라의 다양한 문자들을 알아보자.

라틴 문자(로마자)

고대 로마에서 라틴어를 표기하기 위해 만들어진 문자로, '로마자'라고도 불려. 전통적으로 영어, 프랑스어와 같은 서유럽 언어들을 표기하는 문자이고, 로마 제국 당시 로마자는 총 23개였는데 중세 시대를 거치며 발전되어 현재의 알파벳 26자가 됐어.

아랍 문자

아랍 문자는 4세기경 나바테아 문자에서 유래되었어. 서아시아 전역과 북부 아프리카 지역으로 전파되어 현재는 아랍어뿐만 아니라 페르시아어, 베르베르어, 우르두어 등의 표기에도 사용되고 있어. 오른쪽에서 왼쪽으로 쓰고 글자를 이어 붙여 쓴다는 특징이 있어.

키릴 문자

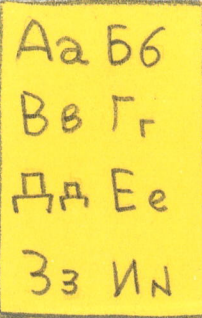

러시아의 표트르 1세는 서구의 글자꼴을 쓰기로 하면서 현대 그리스 문자와는 다른 형태의 문자로 발전하게 되었어. 현대 키릴 문자 글꼴은 라틴 문자의 글꼴과 비슷하지만, 슬라브족 세계에 전파되면서 슬라브어에 맞게 변형되어 왔어.

가나 문자

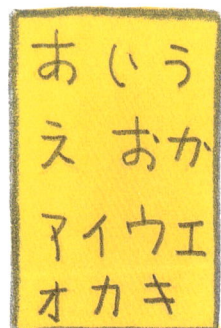

일본은 중국으로부터 한자를 받아들인 후 한자를 모방하여 자신들의 언어를 표현했어. 가나 문자에는 두 가지 종류가 있는데, 순수 일본어와 조사, 조동사 등을 표현하는 히라가나와 외래어, 의성어와 의태어를 표현하는 가타가나로 나뉘어져.

한자

한자는 동아시아 문화권을 대표하는 문자로 대표적인 표의 문자야. 한자의 역사는 갑골 문자에서 찾을 수 있고, 그 후 여러 왕조 시대를 거쳐 변형되어 왔지. 우리나라에는 고조선 시기에 한자가 전파되었고, 한자를 빌려 한국어를 기록하기도 하였지.

그리스 문자

그리스 문자는 페니키아 문자의 영향을 받았으며 로마자와 키릴 문자 탄생에 영향을 주었지. 그리스 문자는 특히 헬레니즘 시대를 거치며 전 지중해 지역에서 사용되었고 현재는 그리스어 표기와 수학, 물리학, 화학 등에서 학술 기호로 사용되고 있어.

히브리 문자

히브리 문자는 이스라엘에서 사용하는 문자야. 고대 구약 시대부터 히브리어를 표기하기 위해 사용되었고, 시대를 거쳐 변형되어 오면서 지금의 형태가 되었어. 현재는 이스라엘의 공용어인 히브리어를 표기하는 데 사용되고 있어.

게즈 문자(그으즈 문자)

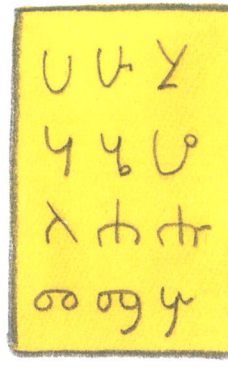

게즈 문자는 에티오피아와 에리트레아의 문자인데 에티오피아의 공용어인 암하라어는 아프리카에서 유일하게 고유의 문자를 가진 특별한 언어야. 암하라(그으즈) 피델(알파벳)의 발원지 에티오피아에서 다른 언어를 표기하는 데 사용되고 있어.

조지아(그루지야) 문자

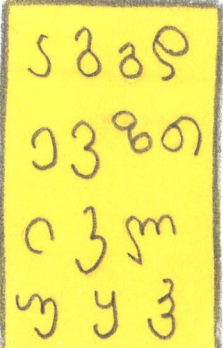

조지아 문자는 기원전 284년 경에 이베리아의 국왕인 파르나바즈 1세에 의해 만들어졌다고 해. 조지아 문자의 글자 배열은 그리스 알파벳의 영향을 받은 걸로 보이지만 글자 모양 자체는 독자적으로 만들어진 것으로 추측된다고 해.

브라흐미 문자 계열

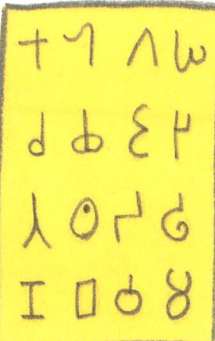

데바나가리 문자, 티베트 문자, 벵골 문자, 버마 문자, 타이 문자 등은 시조가 브라흐미 문자인데, 널리 쓰이는 아라비아 숫자 역시 브라흐미 문자에서 파생되었다고 해. 인도 전역에서 널리 사용되다 인도 문화가 유입된 동남아시아·서남아시아·티베트 등지에서 다수의 인도 문자 체계를 탄생시켰어.

아르메니아 문자

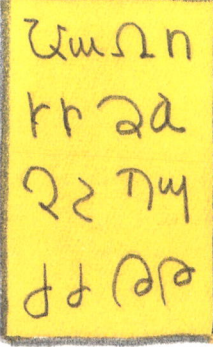

아르메니아어에서 사용되는 고유한 문자이고 400년경 성 메스로프 마슈토츠가 아르메니아 사도교회의 최고 성직자인 성 사하크와 그리스인 루파노스의 도움을 받아 만들었다고 해. 아르메니아 문자는 '1문자 1음운'의 원칙을 가지며 왼쪽에서 오른쪽으로 적는다고 해.

타나 문자

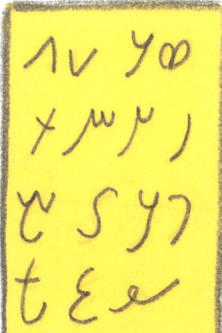

타나 문자는 디베히어를 공용어로 몰디브에서 사용되고 있는 문자이고, 아랍 문자처럼 오른쪽에서 왼쪽으로 적게 되어 있어.

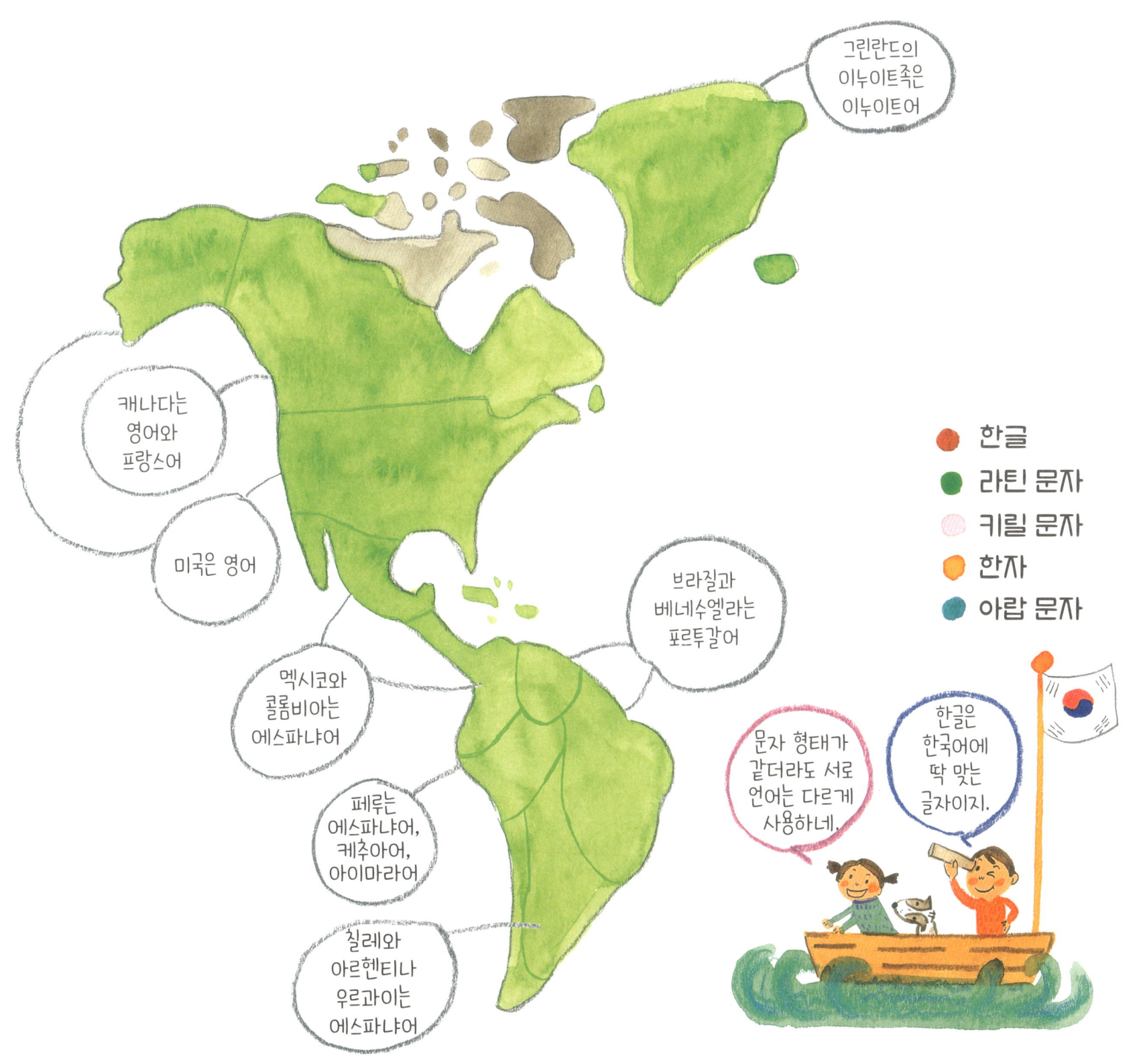

한 나라가 잘되고 못되는 열쇠는

그 나라 국어를 얼마나 사랑하느냐에 있다.

– 주시경 (한글학자, 독립운동가, 1876~1914)

ㄱㄴㄷㄹㅁㅂㅅㅇ
ㅈㅊㅋㅌㅍㅎㄱㄴ
ㅏㅑㅓㅕㅗㅛㅜㅠㅡㅣㅐㅒ
ㄹㅁㅂㅅㅇㅈ
ㅜㅠㅡㅣㅏㅑㅕ
ㅜㅠㅡㅣㅏㅑㅕ
ㅠㅡㅣㅏㅑㅕ
ㅜㅌㅍㅎㄱㄴㄷㄹㅁㅂㅅㅇ
ㅈㅋㅌㅍㅎㄱ